AF358943

MÉMOIRE

SUR LA NÉCESSITÉ DE MODIFIER

LE

SYSTÈME MONÉTAIRE ACTUEL

EN LUI DONNANT UN CONTRE-POIDS.

PARIS. IMPRIMERIE DE AUGUSTE MIE
Rue Joquelet, n° 9, Place de la Bourse.

MÉMOIRE

SUR LA NÉCESSITÉ DE MODIFIER

LE

SYSTÈME MONÉTAIRE ACTUEL

EN LUI DONNANT UN CONTRE-POIDS.

Adressé au Roi dans son conseil,

PAR

M. CONTÉ, D. M.

MEMBRE DE PLUSIEURS SOCIÉTÉS SAVANTES, ETC.

PRIX : 2 FRANCS.

PARIS.

AU BUREAU DE L'ÉCHANGE,

RUE SAINTE-ANNE, N° 59.

AOUT 1831.

AU ROI.

Sire,

J'ai contracté depuis long-temps l'habitude de juger des causes par les effets, tant dans l'ordre moral que dans l'ordre physique; c'est dire à Votre Majesté, Sire, la part de confiance qu'elle peut ajouter aux différentes propositions développées dans le mémoire que j'ai l'honneur de lui soumettre.

Si les vues nouvelles, qui s'y trouvent consignées, peuvent être de quelque utilité pour la stabilité du gouvernement de Votre Majesté, et pour poser les véritables assises de la paix générale après laquelle tout le monde soupire, je me croirai assez récompensé des soins que je me suis donnés pour atteindre ce but.

J'ai l'honneur d'être
avec le plus profond respect,

SIRE,

DE VOTRE MAJESTÉ

Le très humble

et très obéissant serviteur

CONTÉ, D. M.
Rue Sainte-Anne, n° 59.

MÉMOIRE

SUR LA NÉCESSITÉ DE MODIFIER

LE

SYSTÈME MONÉTAIRE ACTUEL

EN LUI DONNANT UN CONTRE-POIDS.

Adressé au Roi dans son conseil.

Les quatre propositions suivantes font le sujet de ce Mémoire.

PREMIÈRE PROPOSITION.

Dans tout état bien gouverné, la production doit être en rapport constant avec la consommation.

DEUXIÈME PROPOSITION.

Le système monétaire actuel, exclusivement adopté depuis des siècles pour faciliter les transactions générales ou particulières, est vicieux de sa nature ; avec lui on ne peut dans aucun cas mettre la production en rapport constant avec la consommation, ni donner à l'une et à l'autre le développement dont elles sont susceptibles.

TROISIÈME PROPOSITION.

Le nouveau système d'Échange, déjà mis en pratique par l'Association Commerciale, située rue Sainte-Anne, n° 59, est jusqu'ici le seul qui puisse mettre la production en rapport avec la consommation, et donner à chacune d'elles un développement inconnu jusqu'à ce jour.

QUATRIÈME PROPOSITION.

Les conséquences immédiates de ce système nouveau, sont l'établissement de la paix générale sur ses véritables bases, et le plus grand degré de félicité auquel l'homme puisse atteindre.

Sire, je n'entrerai point dans les détails que comporterait le développement de chacune de ces propositions, je craindrais trop de fatiguer l'attention de Votre Majesté ; je me bornerai au seul exposé qu'elle peut désirer sur un pareil sujet.

Sire, Votre Majesté me permettra donc d'entrer en matière sans autre préambule.

PREMIÈRE PROPOSITION.

Dans tout état bien gouverné, la production doit être en rapport constant avec la consommation.

Sire, les gouvernans et les économistes les plus savans de tous les pays se sont constamment appliqués à chercher la solution de ce grand problème de politique générale, puisque de cette solution dépend l'art de bien gouverner.

Lorsque les chefs des nations sauront connaître toute l'importance de ce principe, et qu'ils seront à même d'en faire ressortir les conséquences politiques qui en découlent, les peuples, qu'ils seront appelés à guider, ne pourront qu'être heureux ; et comment ne seraient-ils pas heureux, ces peuples, alors que les producteurs, trouvant l'emploi de leurs produits, se verraient ainsi récompensés de leur travail! Cela seul les porterait à produire continuellement, et la non interruption de leurs échanges avec les consommateurs ne pourrait qu'être le principal élément et le plus puissant motif de leur accord.

Comme les hommes produisent tous quelque chose, et qu'ils sont tous également appelés à consommer quelque chose, le point le plus important à saisir pour celui qui est chargé de les conduire, est de savoir appliquer à chacun d'eux ce qui leur convient : or, pour arriver à ce résultat il faut avoir appris à connaître les hommes tels qu'ils sont dans l'ordre naturel, afin de mieux saisir les rapports qui peuvent exister entre eux, les co-ordonner ensuite ou les *harmoniser* dans l'ordre politique. Ce n'est qu'à cette condition que l'on peut espérer de diriger tous leurs actes vers le bien général. Considéré sous ce point de vue, l'homme d'état ne saurait être mieux comparé qu'à un chef d'orchestre, qui, avant de donner un concert, s'est déjà mis à même de connaître le son naturel des instrumens qu'il a, la place que chacun d'eux doit occuper et l'effet qu'il peut produire dans l'ensemble.

Sire, les diverses positions sociales que Votre Majesté a occupées depuis notre première révolution, l'instruction qu'elle a su en retirer, sont pour les Français le gage le plus certain qu'elle possède toutes les connaissances qui conviennent à un souverain. Cependant quelles que soient les qua-

lités, l'instruction, et les intentions d'un roi,
il arrive souvent que les institutions gouver-
nementales existantes, en paralysent les effets,
ou les pervertissent. Il est donc de la plus haute
importance d'améliorer ces institutions. Le vice
de toutes celles qui nous régissent est dans le
système monétaire actuel. Tant que ce système
sera *exclusivement* maintenu dans les transactions, Votre Majesté ne pourra jamais procurer
aux Français le bonheur qu'elle cherche à leur
donner ; elle trouvera toujours des obstacles qui
l'arrêteront dans sa marche. Convaincu de cette
vérité, je prendrai la liberté d'exposer à Votre
Majesté les moyens que mon expérience m'a sug-
gérés pour détruire ces obstacles d'une manière
graduelle et sans trouble. Mais avant de lui faire
connaître ces moyens, Votre Majesté me permettra de lui dire en quoi consiste le vice du système
monétaire ; c'est ce que je vais lui démontrer dans
ma seconde proposition.

DEUXIÈME PROPOSITION.

*Le système monétaire actuel, exclusivement
adopté depuis des siècles pour faciliter les transactions générales ou particulières, est vicieux
de sa nature ; avec lui on ne peut dans aucun
cas mettre la production en rapport constant avec*

la consommation , ni donner à l'une et à l'autre tout le développement dont elles sont susceptibles.

Sire , avant l'introduction de l'argent dans les transactions , et lorsque les peuples étaient moins nombreux et plus rapprochés , les producteurs se mettaient en rapport avec les consommateurs, et fesaient entre eux les échanges qui leur convenaient ; c'est même ce qui s'opère encore chez les peuples sauvages de l'Amérique, où la civilisation n'est point parvenue.

A mesure que les masses se sont accrues, et qu'elles se sont éloignées les unes des autres, les transactions avec les produits en nature ont éprouvé plus de difficultés ; les animaux ont d'abord servi de gage aux échanges ; plus tard, on a remplacé ceux-ci par des métaux représentant la figure de ces animaux ; et enfin , l'argent est venu prendre leur place et servir de type ou de valeur fictive à toutes les matières admises à l'échange.

Introduit dans les conventions sociales par la civilisation, l'argent ne pouvait que changer les habitudes, les mœurs et la législation des peuples qui l'admettaient. L'apparition de ce métal leur a donné une nouvelle existence, et la facilité de son transport leur a permis de voyager jusque dans les régions les plus lointaines pour y satisfaire leurs désirs.

Moteur social, *essentiellement excentrique , la*

numéraire ne pouvait, en favorisant l'égoïsme exclusif, qu'affaiblir le lien de la famille et en isoler les membres. Avec l'argent, chacun s'est émancipé pour courir après la mine qui le fournissait, et le plus adroit ou le plus riche en numéraire n'a plus trouvé de difficultés à vaincre pour primer sur ses semblables, moins heureux que lui, et les attacher à son char. Dès-lors, l'argent est devenu une idole à laquelle ont sacrifié les gouvernans et les gouvernés ; tous l'ont considéré comme la première de toutes les puissances, et chacun a voulu s'en servir exclusivement pour arriver à ses fins, sans tenir compte du véritable motif qui l'avait d'abord fait adopter dans les transactions. Cette manière de penser sur l'utilité de l'argent, est devenue une opinion extrêmement préjudiciable aux peuples civilisés, et le mauvais état des finances, c'est-à-dire, la pénurie du numéraire, a toujours été la cause principale ou le prétexte des révolutions, des guerres et des massacres qui ont semé l'épouvante et porté la désolation et le ravage parmi les nations. Quand même l'histoire de tous les temps ne vous en offrirait point les preuves les plus péremptoires, ce qui se passe aujourd'hui sous les yeux de Votre Majesté, démontrerait suffisamment cette vérité.

L'argent, considéré vulgairement comme l'âme

des affaires, porte les hommes à le rechercher avant toute autre chose, et ceux qui ont le secret d'en cumuler le plus, peuvent, d'après cette fausse opinion, troubler à leur gré les populations au milieu desquelles ils vivent, en retenant dans leur coffre-fort cet intermédiaire exclusif nécessaire aux échanges des producteurs et des consommateurs, ou en le fesant servir à la corruption; moyen indispensable à l'homme qui vise au despotisme. Or, s'il est possible, ou pour mieux dire, s'il est loisible à un individu qui possède cette valeur fictive, de semer le désordre dans la société et de l'affamer suivant son bon plaisir, la cause première du mal ne réside point dans la personne qui le fait, mais plutôt dans l'institution qui lui procure le moyen de l'opérer. Voilà, Sire, le vice radical à détruire; ce vice est tout entier dans le système monétaire actuel; tant qu'on ne parviendra point à l'en extirper, les hommes seront toujours la victime *du riche d'argent*, comme il peut devenir la leur à son tour, lorsque ses vexations, portées à leur comble, réveilleront en eux la force brutale qui viendra bouleverser tout : Juillet 1830 nous en fournit la preuve la plus récente et la plus forte.

Sire, cette vérité, que Votre Majesté n'a que trop pressentie, n'est pas inconnue aux ennemis de la tranquillité publique; quels que soient les soins que Votre Majesté pourra se donner pour consolider la paix générale, elle n'y parviendra point avec le maintien du système financier actuel; ces soins seront perdus, et les bienfaits dont Votre Majesté voudrait combler les Français ne se réaliseront jamais.

Sire, la richesse des nations ne réside point dans l'abondance du pécule; les pays de mines où se trouve l'argent et l'état de la Péninsule espagnole, depuis la découverte de Christophe, en fournissent des exemples assez frappans. Le sol, l'industrie qui sait le cultiver et l'échange rapide des produits contre la valeur réelle et non fictive d'autres produits, voilà, Sire, la véritable source de toute fortune, soit générale, soit particulière, celle des nations comme celle des individus.

Sire, puisque le possesseur d'argent, quelque soit le rang qu'il occupe, a le pouvoir ainsi que je l'ai exposé plus haut à Votre Majesté, de désunir les membres de la société, de gêner la marche du gouvernement le mieux intentionné, et d'arrêter les échanges des produits, en gardant la valeur fictive qui leur sert d'intermédiaire, il est de la plus grande importance de paralyser sa puissance en modifiant l'institution qui la lui donne. Les moyens d'arriver à ce résultat, sont l'objet de la troisième proposition que je vais développer à Votre Majesté.

TROISIÈME PROPOSITION.

Le nouveau système d'Échange, déjà mis en pratique par l'Association Commerciale, située rue Sainte-Anne, n° 59, est jusqu'ici le seul qui puisse mettre la production en rapport constant avec la consommation, et donner à chacune d'elles un accroissement inconnu jusqu'à ce jour.

Sire, le système, dont je vais entretenir Votre Majesté, est fondé sur le principe *que les produits doivent être échangés en nature, et toujours représentés dans les transactions par leur propre valeur et non par un signe isolé, de simple convention, comme l'argent, qui est une valeur fictive de sa nature.*

Sire, l'énoncé de ce principe semblerait d'abord faire croire que notre système n'est qu'une reproduction du commerce des temps primitifs ; cependant il y a entre l'un et l'autre toute la distance qui sépare l'état sauvage de la civilisation. En mettant à profit toutes les connaissances que celle-ci nous a données, nous avons cru que nous ne devions point négliger les avantages que présentait celle-là ; réunissant les uns comme les autres, notre système se trouve ainsi dépouillé de tous les inconvéniens que l'on reprochait aux transactions en nature que fesaient nos pères, et ne peut jamais être entâché du vice radical que nous avons découvert dans le numéraire. Votre Majesté en jugera elle-même par ce que je vais lui dire, et se convaincra sans peine de l'utilité et de la simplicité de ce même système.

Si tous les hommes sont aptes à produire et à consommer quelque chose, comme je l'ai dit ailleurs, il ne s'agit que de faire passer directement la chose produite à la consommation. La difficulté qui se présente pour arriver à ce but paraît d'abord insurmontable, et cependant le moindre examen suffit pour se convaincre qu'elle n'est qu'apparente. En effet, de quoi s'agit-il au fonds? C'est de trouver le moyen de représenter chaque profession par la valeur réelle de ses produits, sans aucun intermédiaire qui puisse la dénaturer, et donner à l'argent, que nous n'avons point la prétention de démonétiser, un contre-poids, afin que le vide qu'il opère par fois, en restant dans les coffres-forts, ne gêne en rien la circulation des choses.

On s'est long-temps tourmenté pour arriver à ce résultat. Ainsi, l'on a voulu suppléer à la rareté du numéraire, 1° par le crédit, qui conduit toujours en dernière analyse à la faillite; 2° par l'émission d'un papier-monnaie, *assignat*, auquel on donnait une valeur qui mourait en naissant, et dont les inconvéniens étaient incalculables. Si l'on n'avait perdu de vue le premier motif qui avait fait admettre l'argent, on se serait épargné tous ces soins et on serait parvenu de suite au but proposé; mais on n'avait en vue que la fiction et non la réalité. On voulait donner à l'ombre la valeur du corps, on ne pouvait que s'égarer. Il n'en sera point de même à l'avenir, et notre système, mis en pratique depuis quelque temps, nous prouve que nous sommes sur la véritable voie : Sire, voici la marche simple et facile que nous suivons pour le mettre en usage.

Des producteurs. J'appelle *producteurs* tous les hommes capables de donner quelque chose, n'importe l'espèce ou la nature de cette chose, pourvu qu'elle puisse être employée dans les usages de la vie; et je nomme *consommateurs* tous ceux qui emploient la chose produite.

Dans ce système, plus on produit, plus on consomme, et le plus grand consommateur est toujours le plus grand producteur, puisqu'il ne peut consommer beaucoup qu'autant qu'il a donné beaucoup. Le crédit n'existant point dans l'Échange, il est impossible qu'on en abuse, et si on venait à l'y introduire, dès ce moment l'institution serait dénaturée et présenterait les mêmes inconvéniens que celle du numéraire que nous combattons.

Des producteurs d'espèce différente s'associent ensemble par actions et en commandite. Chacun souscrit une ou plusieurs actions qu'il promet de remplir en travaux de sa profession (1).

Une administration, formée aussi de producteurs pris parmi les actionnaires, tient en main toutes les promesses d'actions, que chacun a divisées en petits bons de différentes valeurs équivalant au total de la somme portée dans l'acte de souscription. Comme tous produisent et consomment, dès le moment de l'association tous sentent la nécessité de produire beaucoup pour avoir plus à consommer. A l'instant ou l'un d'eux a des besoins à remplir, il se présente à l'administration et vient lui demander un bon sur le producteur qui peut le satisfaire. S'il n'a déjà lui-même rien livré à l'association, il ne peut avoir de bons, il faut donc qu'il livre à l'instant la contre - valeur de ce qu'il vient de prendre, et que l'administration ait fait consommer le produit qu'elle reçoit de lui. Cette administration est toujours intéressée à faire cet échange avec rapidité, puisque son existence en dépend ; car elle perçoit sur chaque bon qu'elle

(1) Voyez le modèle de l'acte d'adhésion à la fin du livre.

donne, et à l'instant, un tant pour %, pour servir à ses frais et au dividende auquel chaque actionnaire a droit. Celui-ci, à son tour, se trouve intéressé à grossir ce dividende le plus qu'il peut pour en avoir une plus grande part, si mieux il n'aime échanger à mesure qu'il livre ses produits à la consommation ; alors il perd tout droit à la répartition générale, mais il gagne aussi tous les bénéfices qu'il peut obtenir dans l'échange journalier de ses produits : ainsi, d'après cette manière d'agir, voilà deux classes d'associés ; l'une, composée d'actionnaires ayant part au dividende, parce qu'ils n'ont point échangé leurs produits formant l'action avant la fin de l'*année sociale ;* et l'autre, composée d'associés, simples échangistes qui préfèrent jouir à l'instant du fruit de leurs travaux sans attendre d'autres bénéfices que ceux qu'ils peuvent faire chaque jour par leurs transactions.

Les billets des échangistes ou des actionnaires étant à souche et souscrits par chaque producteur, l'administration est toujours assurée qu'elle ne perdra jamais, puisqu'elle ne livre que lorsqu'elle a reçu. Créancière de tous ses membres, elle en est à la fois la débitrice pour les soins qu'elle doit se donner à la recherche de l'emploi de la chose produite.

Bien différent du système monétaire, le système d'échange a le grand avantage d'être aussi *exentrique*, sans jamais perdre de vue le centre d'où il est parti, et en favorisant l'intérêt particulier, il accroit d'autant plus l'intérêt général. L'administration qui a émis le bon, après en avoir reçu le montant, en représente toujours la souche, et le dernier consommateur qui l'aura sera constamment intéressé à le lui rendre, ou à l'échanger contre un autre. Ce bon pourra faire le tour du monde comme l'argent, mais il reviendra toujours à la source d'où il est parti, ou s'il vient à se perdre, on saurait qu'il est en moins *seulement*, sans que la Société en souffre; puisque chacun dans l'Échange peut battre monnaie, ce qui n'arrive point avec l'argent; car, en s'arrêtant dans les mains de l'avare, celui-ci, porte aussitôt le trouble et la gène dans le commerce.

Une utilité bien plus importante ressort encore de la pratique de notre système, et c'est là véritablement le plus grand bienfait qu'on puisse en attendre, puisqu'il est seul capable de l'opérer, c'est d'accroître à chaque instant la production et la consommation et de les mettre constamment en rapport quelque soit le développement qu'acquièrent l'une et l'autre. En effet, puisque le producteur a la faculté d'échanger à chaque instant le produit de son travail et de re-

cevoir la contre-valeur, soit en action partici-
pante au dividende, soit en produit qu'il reçoit
comme simple échangiste, il est évident qu'il sera
toujours porté à produire le plus qu'il le pourra ;
car, ce qui aujourd'hui retient le producteur,
c'est la difficulté de la consommation, difficulté oc-
casionnée par la rareté du numéraire ; or comme
celui - ci deviendra d'autant moins utile qu'on
saura apprécier davantage le système que nous
publions, il s'en suit qu'il n'y aura plus de cause
qui puisse mettre obstacle aux transactions, et
dès-lors un ordre nouveau s'établira naturellement
au milieu des peuples, qui seront étonnés de ne
l'avoir pas connu plus tôt. Cet ordre, qui est près
d'arriver, est celui que je vais faire connaître à
Votre Majesté dans la quatrième et dernière proposition de ce Mémoire.

QUATRIÈME PROPOSITION.

*Les conséquences immédiates de ce système
nouveau, sont l'établissement de la paix générale sur ses véritables bases, et le plus grand
degré de félicité auquel l'homme puisse atteindre.*

Sire : Votre Majesté pressent déjà que cette
proposition n'est que le corollaire des trois qui la
précèdent, aussi ne contient-elle que le tableau
d'après lequel on peut considérer les avantages

de l'ordre nouveau que j'ai pris la liberté d'annoncer à Votre Majesté.

Si l'argent, à son apparition dans les transactions sociales, changea les habitudes, les mœurs et la législation des peuples qui l'adoptèrent; s'il leur donna une nouvelle existence par la facilité de son transport; s'il éloigna les membres de la famille et les émancipa en leur permettant de vivre isolés même au milieu de la société où ils venaient se placer; que ne doit-on pas attendre du contre-poids que je propose de lui donner, c'est-à-dire, de l'Échange tel que je l'ai expliqué à Votre Majesté dans la troisième proposition, puisque celui-ci donne toujours le consommateur au producteur; qu'il active d'une manière indéfinie la production et la consommation; qu'il rallie à un centre commun tous les individus qui lui appartiennent,(et tous les hommes peuvent lui appartenir); qu'il leur permet de parcourir le monde entier, sans pourtant les perdre de vue; qu'il peut donner à chacun la valeur positive qui lui convient et partout où il veut l'avoir; que le signe qui représente cette valeur, ne peut, en se perdant, gêner ni troubler la société au milieu de laquelle il sera admis : (puisque chaque membre a le droit d'en faire un autre semblable de concert avec l'administration); et qu'enfin tous les signes mis en circulation, peuvent rentrer en dernier résultat au centre d'où ils sont partis, il faut de toute nécessité que l'Echange produise à son tour une mutation dans les habitudes, dans les mœurs et dans la législation des peuples qui l'adopteront. Sire, ce moment n'est pas sans doute éloigné, si j'en juge d'après ce qui se passe tous les jours à l'administration commerciale dont les communications s'agrandissent avec rapidité, malgré tous les obstacles qu'elle est obligée de vaincre à chaque instant. L'état pénible où se trouve la société est pour l'échange comme la chaleur vivifiante qui va le faire éclore. Et pourquoi l'échange ne se montrerait-il pas bientôt au grand jour, puisqu'il semble devenir le besoin actuel des hommes, qu'il leur montre le bonheur après lequel ils soupirent depuis si long-tems, et qu'il est la véritable pierre angulaire sur laquelle doivent reposer désormais les premières assises de la paix générale ?

Sire, tous les avantages de l'Echange que je viens d'énumérer, ressortiront dans toute leur étendue, dès l'instant où votre gouvernement voudra communiquer son influence à cette noble institution. Avec ce levier nouveau, dont la puissance est incommensurable, Votre Majesté soulèvera tous les obstacles qui s'opposent à la consolidation de la paix, et la guerre ne viendra plus ensanglanter le sol que nous habitons. Alors la discorde, ne trouvant plus la première des causes qui la porte à secouer ses brandons au milieu des peuples, rentrera dans ses antres ténébreux pour y périr faute d'alimens, et les hommes, constamment occupés et toujours récompensés de leurs travaux, passeront leur vie au milieu de l'activité, seule nécessaire à leurs transactions.

Telle est la perspective que présente cette institution sublime, tel est le but qu'elle atteindra lorsqu'elle sera soutenue par le noble patronage de Votre Majesté.

ASSOCIATION

COMMERCIALE D'ÉCHANGES

PAR ACTION EN COMMANDITE,

ÉTABLIE A PARIS,

RUE SAINTE-ANNE, N° 59, PASSAGE DE L'ÉCHANGE ;

SUIVANT ACTE PASSÉ, LE 30 NOVEMBRE 1830,

DEVANT Mᵉ HAILIG, NOTAIRE A PARIS.

ACTE DE SOCIÉTÉ.

Par-devant Mᵉ Antoine-Simon-Hailig, et son confrère, notaires royaux à Paris, soussignés,

A comparu,

M. Charles-Hippolyte Le Mancel de Secqueville, propriétaire, demeurant à Paris, rue Feydeau, n° 3o, lequel a dit et fait ce qui suit :

L'insuffisance de circulation du numéraire et la fatale direction du crédit qui ne s'accorde qu'à ceux auxquels il est le moins nécessaire, arrêtent aujourd'hui le développement de toutes les industries.

Victime de l'accaparement de ce crédit que les capitalistes se partagent et exploitent à leur profit, le commerce languit, et n'a pour se soutenir que la ressource d'un escompte ruineux.

L'esprit d'association offre seul un remède à cet état de choses; appliqué à un système d'échanges, dans lequel l'argent et le crédit ne seront point une condition indispensable de succès, il est susceptible de produire les plus heureux résultats.

C'est donc dans le but d'employer ce moyen de prospérité sociale, que M. de Secqueville va former, sur des bases proportionnées, un nouveau comptoir commercial d'échanges, sous le titre d'*Association commerciale d'Echanges*.

ARTICLE PREMIER.

Fondation et nature de la Société.

Il est fondé par ces présentes une Société commerciale en commandite,

Entre M. Le Mancel de Secqueville et les futurs possesseurs des actions *ci-après créées*. M. de Secqueville sera seul gérant responsable : les autres intéressés seront simples associés commanditaires.

ART. II.

Objet de la Société.

Ainsi que l'indique l'exposé qui précède, cette Société a pour objet la création et l'exploitation à Paris d'un grand établissement sous le titre d'*Association commerciale d'Echanges*, dans lequel chacun pourra, suivant sa convenance, se procurer sans le secours de numéraire, au moyen d'un échange, des objets mobiliers et immobiliers, marchandises de toutes natures, des services, travaux et industries de tous genres contre d'autres objets, marchandises, services, travaux et industries.

Les opérations de la Société pourront même s'étendre aux immeubles et valeurs immobilières, qui, en conséquence, feront aussi la matière d'autres échanges.

ART. III.

Durée de la Société.

La présente Société est fondée pour vingt-cinq années, qui commenceront à courir le jour de sa constitution définitive, fixée suivant ce qui sera dit article VIII.

ART. IV.

Raison sociale et siége de la Société.

1° La raison sociale sera Secqueville et compagnie.

2° Le siége de la Société est établi à Paris; il est fixé provisoirement rue de Feydeau, n° 3o.

Le local pourra changer, mais le siége sera toujours à Paris.

ART. V.

Apport de M. de Secqueville.

M. de Secqueville apporte dans la Société son industrie, ses connaissances pratiques du système d'échanges, ses nombreuses relations et autres moyens de succès.

Cet apport sera représenté par soixante actions, ci-après créées sous le nom d'*actions industrielles*, qui n'attribueront aucune part du fonds social, et donneront seulement droit à une portion des bénéfices.

ART. VI.

Fonds social.

1. Le fonds social est fixé, quant à présent, à 5oo,ooo francs, divisés par mille actions de 5oo francs chacune, numérotées depuis un jusqu'à mille.

Ce fonds pourra en vertu d'une délibération de l'assemblée générale des actionnaires, prise à la majorité fixée par l'article XIX, être augmenté successivement à mesure des besoins de la Société, et porté jusqu'à deux millions de francs.

2. Le montant de chaque augmentation sera également divisé en actions de 5oo francs, qui seront de même nature et participeront aux mê-

mes avantages que celles créées par ces présentes.

Le montant de ces actions se réalisera au profit de la Société en objets mobiliers, services, travaux ou industries.

Il pourra même être réalisé en numéraire par les personnes qui n'apporteraient ni marchandises ni industries.

Chaque soumission d'actions indiquera la nature et la quantité des objets à délivrer, ou des services et travaux à fournir et à exécuter pour que le paiement intégral de l'action se trouve effectué.

Ces divers objets et marchandises, ces obligations de services et de travaux, ainsi que le numéraire, formeront la base des opérations de la Société.

3. Toutes les actions sont nominatives.

Elles seront détachées d'un registre à souche et à talon, déposé au domicile social.

Chaque action et son talon seront revêtus du timbre de la société, et porteront la signature du gérant.

La propriété des actions se transmettra au moyen d'un simple transfert constaté sur un registre tenu à cet effet au siége de la Société.

Le transfert sera signé par le cédant et le gérant de la Société, qui devra en outre en faire mention sur l'acte et sur le talon.

Dans le cas où le cédant ne serait point connu du gérant, son individualité sera certifiée par deux témoins actionnaires.

4. Les soumissionnaires d'actions ne recevront d'abord que des promesses signées par le gérant.

L'action elle-même ne leur sera délivrée qu'après le paiement intégral de sa valeur nominale.

Ces promesses d'actions pourront se transférer. Le transfert en sera fait sur le même registre et dans la même forme que celui des actions.

Mais le premier souscripteur demeurera obligé et garant solidaire du paiement de l'action, tant qu'elle n'aura pas été complètement réalisée.

5. Chaque action donnera droit à une part du fonds social proportionnelle au nombre d'actions émises, et à une pareille fraction des bénéfices attribuée par l'article XVI.

Les promesses d'actions participeront aussi aux bénéfices dans la proportion indiquée au même article, mais seulement quand elles se trouveront réalisées, jusqu'à concurrence de la moitié de leur valeur nominale.

6. La réalisation du montant des actions pourra être exigée,

1° Pour les soixante premières dont l'émission est nécessaire pour constituer la Société, d'après

l'article VIII, dans la huitaine qui suivra la constitution.

2° Et pour les autres actions, dans la huitaine
de la soumission ; c'est-à-dire, que dès l'échéance
de ces termes, les soumissionnaires pourront
être contraints par la Société à remplir leurs engagemens, sans cependant que celle-ci soit tenue
à recevoir le montant de leur soumission avant
qu'elle ne le juge convenable à ses intérêts, sauf
les stipulations contraires qui seraient consignées dans les actes d'adhésion.

La Société pourra, suivant ses besoins, demander la réalisation d'une action en totalité,
ou par fractions en une ou plusieurs fois, et
cette réalisation devra suivre immédiatement la
demande de la Société.

Cette réalisation s'effectuera par l'acquit d'une
ou plusieurs acceptations, couchées sur les mandats de la Société, en ces termes.... *Acceptez
pour.... Signé....* Tout actionnaire s'oblige à recevoir, comme argent comptant, les acceptations
qu'il a souscrites sur les mandats de la Société.

Le refus d'un actionnaire d'acquitter le mandat accepté par lui et tiré par la Société, lui fera
perdre immédiatement sa qualité d'associé ; sa
promesse d'action sera considérée comme nulle
et sans effets, et les valeurs déjà versées par lui
passeront à la Société seule, sans qu'elle ait be-

soin de remplir aucune autre formalité que de constater le refus de l'actionnaire par un simple acte extra-judiciaire, sans qu'il soit besoin d'un autre acte de mise en demeure ; le tout sans préjudice du droit des tiers ou de ceux que conservera la Société, de suivre par les voies ordinaires contre l'actionnaire en défaut l'exécution de ses engagemens et le paiement de tous les dommages-intérêts s'il y avait lieu.

7. La réception et la vérification des objets et marchandises, services et travaux qui formeront le prix des actions, seront faites pour la Societé par le gérant ou par tel expert qu'il jugera devoir s'adjoindre pour l'évaluation.

8. Enfin le gérant est autorisé, s'il le juge utile aux intérêts de la Société, et si les actionnaires le demandent, à n'appliquer qu'une portion des valeurs fournies par ceux-ci à la réalisation du montant de leur action, et à admettre le surplus de ces mêmes valeurs à l'échange, de la manière indiquée en l'article suivant. Mais cette imputation ne pourra se faire que jusqu'à concurrence de la moitié des valeurs fournies.

ART. VII.

Création de soixante actions industrielles.

Indépendamment des actions représentatives

3

du fonds social, il est créé, sous le titre d'actions industrielles, soixante autres actions qui seront entièrement distinctes des premières. Elles sont attribuées, ainsi qu'on l'a déjà dit, à M. de Secqueville, en représentation de son rapport, et comme fondateur de la Société. Chacune d'elles donnera droit à une part des bénéfices déterminée par l'article XVI ci-après. Ces actions seront au porteur, et se transmettront par la simple tradition.

Elles seront extraites d'un registre à souche et à talon, qui restera en dépôt chez le notaire de la Société. L'action et son talon porteront la signature du gérant.

Tant que le comparant sera gérant, vingt desdites actions seront inaliénables; elles resteront en dépôt, pour la garantie de la gestion de M. de Secqueville, entre les mains de Me Hailig, notaire de la Société, et celle-ci exercera sur ces actions tous les droits attribués au créancier gagiste.

Quant aux quarante autres actions, M. de Secqueville pourra en disposer dès la constitution de la Société.

ART. VIII.

Constitution de la Société.

La Société ne sera constituée qu'après qu'il

aura été souscrit soixante des actions de capital créées par l'article VI.

La souscription de ces actions s'effectuera par un acte d'adhésion à la suite des présentes, et la constitution de la Société résultera de plein droit de la souscription de cette quantité d'actions.

Elle sera constatée par le gérant dans un acte fait à la suite des présentes, qui sera publié dans les formes et délais voulus par la loi.

Cet acte fixera le point de départ de l'année sociale.

Si au 1ᵉʳ février prochain, les soixante actions nécessaires pour la constitution de la Société, n'ont point été soumissionnées, ces présentes deviendront nulles, et toutes les adhésions seront sans effet.

ART. IX.

Mode des opérations de la Société.

1° Tout individu avec lequel un échange aura été conclu (sauf les distinctions qu'on établira au n° 2) recevra du gérant, en contre-échange de ce qu'il aura apporté ou exécuté :

Soit un bon général et personnel d'échange, intitulé *papier d'échange*, indiquant le montant des valeurs de la Société auxquelles l'échangiste aura droit, et pouvant, au gré de celui-ci, être remplacé par les mandats dont il va être parlé.

3.

Soit un mandat particulier, également personnel, tiré par la Société sur un actionnaire ou un échangiste, et donnant droit au porteur d'exiger de celui-ci des travaux ou marchandises de sa profession pour la somme indiquée au mandat.

Ce titre sera conçu en ces termes :

J'ai l'honneur de vous inviter à livrer à M.   des travaux ou marchandises de votre adhésion, suivant les statuts de la Société, pour une valeur de   , qui sera portée au crédit de votre compte. (Signé le gérant.)

Accepté pour   M.   (profession) à M.   , rue

2° La Société ne devra jamais, aux individus porteurs de bons ou mandats d'échanges, que des objets ou industries qui seront à sa disposition.

C'est-à-dire que si un mandat vient à n'être point acquitté, la Société n'en garantit pas le paiement au porteur ; seulement, celui-ci a le droit ou d'échanger son mandat contre un ou plusieurs autres, à sa convenance, donnant droit à d'autres objets ou industries à la disposition de la Société, ou d'exiger que le gérant fasse poursuivre, aux risques et périls et aux frais de la Société, le paiement dudit mandat ; mais, dans ce cas, il ne pourra recevoir les valeurs auxquel-

les il aura droit qu'après le résultat des poursui-
tes commencées sur sa demande.

3° Les échanges seront définitifs ou seulement
conditionnels, selon que le gérant le croira convenable aux intérêts de la Société, et au maintien
de l'équilibre des échanges; ainsi, quand il jugera que les objets ou marchandises offerts à la
Société excèdent les besoins de celle-ci, il pourra
les recevoir en proposition d'échange seulement,
et aux prix demandés par le proposant.

Lorsqu'un échange sera définitif, le gérant dé-
livrera le papier d'échange, au choix de l'échangiste, contre la remise à la Société, par le coper-
mutant, des objets, marchandises, services ou
travaux fournis en exécution des mandats de la
Société.

Au contraire, quand l'échange sera seulement
conditionnel, le marché ne deviendra définitif,
et l'auteur de la proposition ne recevra la valeur
en papier d'échange, qu'après que le placement
en aura été effectué,

Si le placement n'est que partiel, le proposant ne recevra en papier d'échange, qu'une valeur égale à la partie placée.

Il sera libre de reprendre le surplus en payant
à la Société le droit de commission, dont il sera
ci-apres parlé.

Chacun des objets et marchandises de la So-

ciété sera revêtu, aussitôt son entrée aux magasins, d'une étiquette indicative de la valeur qui
lui aura été reconnue; et quiconque le deman-
dera en échange, devra l'accepter pour la somme
portée sur l'étiquette.

Chaque étiquette rappellera d'ailleurs le numéro d'inscription de l'objet ou la marchandise
sur un registre à ce destiné, et qui contiendra
le résultat de l'évaluation.

Toute personne, avant de consommer un
échange, pourra vérifier le registre d'inscription
pour s'assurer de l'exactitude des évaluations.

Sauf l'absence de l'étiquette, les dispositions
du présent paragraphe seront suivies pour les
travaux et les services offerts et acceptés à l'é-
change.

4° Chaque fois qu'il se sera écoulé deux mois
depuis le jour de l'échange conditionnel sans que
l'objet ou la marchandise ait été demandé, il
sera suffisamment démontré qu'il y a eu excès
dans l'évaluation, et alors le gérant pourra en
réduire graduellement le prix, de deux mois en
deux mois, sans que chacune de ces réductions
puisse excéder dix pour cent.

Le propriétaire qui s'opposera à cette réduc-
tion, sera tenu de retirer ses marchandises et
d'acquitter la commission.

A l'égard des objets provenant des échanges

définitifs, le gérant fera subir à leur évaluation primitive toutes les réductions qu'il croira nécessaires aux intérêts de la Société.

ARTICLE X.

Droit de commission de la Société.

Chaque échange attribuera à la Société un droit de commission sur la valeur estimative des objets ou marchandises, services ou travaux échangés.

Ce droit sera acquis définitivement à la Société,

1° A l'égard de l'échange définitif, dès le moment de sa conclusion ;

2° A l'égard de l'échange conditionnel, dès le moment de l'admission des objets à l'échange, quel que puisse en être ultérieurement le sort ; mais ce droit ne sera perçu sur la valeur de ces objets, que lorsqu'ils seront déposés dans les magasins de la Société ;

3° Quant aux services et travaux ou marchandises proposés à l'échange dont le dépôt n'aura pas été fait au domicile social, ils ne seront passibles du droit de commission, qu'autant que leur échange aura été conclu, et jusqu'à concurrence seulement des valeurs échangées.

Ce droit sera l'objet d'une convention particulière entre le gérant et l'échangiste

Il sera perçu en objets d'échanges ou en numéraire.

Il sera de deux pour cent ou d'une somme plus forte, suivant la nature des opérations de la Société; mais ne pourra s'élever au-delà de quatre pour cent.

Les valeurs données par les actionnaires en paiement du montant de leurs actions seront exemptes du droit de commission.

Ce droit, après le prélèvement des frais, formera les bénéfices de la Société.

ART. XI.

L'administration de la Société et l'usage de la signature sociale appartiendront de droit au gérant.

1° Il s'interdit formellement le droit d'engager la Société et de faire usage de la signature sociale pour un autre objet que la création du papier d'échange; encore ne devra-t-il jamais souscrire d'engagemens dont la valeur ne lui ait été précédemment fournie.

2° Par exception à cette disposition, le gérant est autorisé à pourvoir la Société, pour location, d'un local à Paris, approprié à la nature et à l'étendue des opérations de la Société, à faire tous les travaux et dispositions nécessaires, et à faire assurer l'établissement contre l'incendie.

3° Il tiendra tous les registres et écritures nécessaires à la clarté et à la régularité des opérations de la Société.

Enfin, il fera tous les actes de gestion, sans autres limites que celles exprimées au numéro premier de cet article.

Sa mission a principalement pour objet de diriger, dans l'intérêt de la Société, toutes les opérations d'échanges, et de maintenir toujours le plus grand assortiment possible dans les objets à la disposition de la Société.

ART. XII

Censeur.

Les associés commanditaires et actionnaires seront représentés dans tous les rapports avec le gérant, par un de leurs membres, sous le titre de *censeur*, que l'assemblée générale nommera tous les ans.

Ses fonctions consisteront :

A examiner les comptes de la gestion, et à en faire le rapport à l'assemblée générale, à soutenir devant les arbitres, dont il sera parlé, article XXI, toutes les contestations qui pourraient s'élever entre la gérance et les actionnaires, a défendre les intérêts de ces derniers devant lesdits arbitres, et partout ailleurs.

Il aura le droit de convoquer l'assemblée générale, et de lui faire des rapports sur les abus qui pourraient s'introduire dans l'administration.

Le censeur pourra être révoqué et remplacé par la seule volonté de l'assemblée générale avant l'expiration de l'année de ses fonctions.

Il pourra aussi être réélu.

Le censeur suivra les contestations commencées ou continuées par lui, jusqu'à leur décision définitive, nonobstant la cessation de ses fonctions, à moins que l'assemblée n'en décide autrement.

ART. XIII.

Assemblée générale.

L'assemblée générale des actionnaires se réunira tous les ans, dans les deux mois qui suivront l'expiration de l'année sociale.

Les actionnaires pourront en outre être convoqués en assemblée extraordinaire, soit par le gérant, soit par le censeur.

Le gérant devra déférer à l'invitation qui lui en sera faite de convoquer extraordinairement l'assemblée par trois actionnaires ayant droit d'admission.

Les convocations seront faites par insertions dans le *Journal du Commerce*, trois jours au moins avant le jour indiqué pour la réunion, et, de plus, par lettres adressées à domicile aux propriétaires d'actions nominatives et aux porteurs d'actions industrielles, qui se seront fait connaitre au gérant. La première réunion des actionnaires aura lieu dans les trois mois de la constitution de la Société, à l'effet de nommer le censeur pour la première année, et d'entendre le rapport du gérant sur l'organisation de la Société.

Pour droit d'entrée aux assemblées, il faudra être propriétaire de deux actions au moins.

Les porteurs d'actions industrielles participeront comme les autres à la formation de l'assemblée.

Les séances seront tenues au domicile social; l'assemblée choisira à chaque séance un président et un secrétaire dans son sein.

Elle ne pourra délibérer qu'autant que la moitié, plus un des membres qui devront la composer, sera présente.

Chacun d'eux n'aura qu'une voix, quel que soit le nombre de ses actions. Les délibérations seront prises à la majorité absolue des suffrages. Si une première convocation ne réunissait pas le nombre d'actionnaires prescrit par le présent article, il en sera fait une seconde à huit jours au moins de distance ; et les actionnaires, réunis sur cette nouvelle convocation, délibéreraient valablement, quel que fût leur nombre,

L'objet ordinaire de l'assemblée sera,

1° De nommer le censeur ;

2° D'entendre le rapport du gérant sur les comptes de la Société, et d'arrêter ou de faire rectifier ces comptes ;

3° D'entendre les observations du censeur.

ART. XIV.

Reddition des comptes du Gérant.

Dans le mois qui suivra l'expiration de l'année sociale, et quinze jours au moins avant la réunion de l'assemblée, le gérant remettra au censeur les comptes de son administration avec toutes les pièces à l'appui. Le censeur en fera l'examen, et en fera connaître le résultat dans son rapport à l'assemblée, qui décidera s'il y a lieu de les approuver ou de les rectifier.

ART. XV.

Inventaires annuels.

Tous les ans, à la fin de l'année sociale, il sera dressé par le gérant un inventaire général des

valeurs de la Société. Copie de cet inventaire
sera remise au censeur avec les autres pièces à
l'appui des comptes.

ART. XVI.

Emploi et partage des bénéfices.

1. Il sera fait chaque année quatre parts égales
des bénéfices nets de l'entreprise.

Les deux premières parts appartiendront et
seront dévolues :

1° Aux actions émises dont le montant se trouvera réalisé en totalité ;

2° Aux promesses d'actions sur lesquelles il
aura déjà été versé la moitié de leur valeur nominale.

Les deux parts des bénéfices se répartiront,
dans une égale proportion, entre toutes lesdites
actions et promesses d'actions.

Celles de ces promesses dont la moitié ne sera
pas payée, n'auront aucun droit aux bénéfices.

2° La troisième part est attribuée au gérant
pour ses émolumens de gestion.

3° Enfin la quatrième part se répartira également entre les soixante actions industrielles créées
par l'article VII.

La répartition et le partage des bénéfices auront lieu tous les ans dans le cours du mois qui suivra la reddition du compte du gérant.

Cependant le gérant est autorisé à prélever mensuellement, sur les bénéfices de la Société, la part qui sera présumée lui en revenir personnellement, en conformité du numéro 2 du présent article, sauf, bien entendu, à en faire le rapport, s'il y avait lieu, lors de l'arrêté de ses comptes, à la fin de l'année.

Pour déterminer la somme des bénéfices à prélever, le gérant dressera tous les mois un aperçu de situation, qu'il devra remettre au censeur dans les trois premiers jours du mois suivant. Si, trois jours après, c'est-à-dire le 6 du même mois, le censeur n'a point manifesté son opposition, son silence sera réputé approbatif, et le gérant pourra dès-lors prélever valablement la part du bénéfice que l'aperçu de compte lui aura attribué.

ART. XVII.

Décès, retraite ou empéchement du Gérant.

M. de Secqueville se réserve la faculté de se retirer. Sa retraite n'entraînera pas la dissolution de la Société. Son successeur sera nommé par l'assemblée générale des actionnaires, sur sa présentation. Lorqu'un autre gérant aura été nommé, M. de Secqueville pourra retirer les vingt actions industrielles déposées par lui chez le notaire de la Société, comme garantie de sa gestion. Mais ce retrait ne pourra avoir lieu qu'après l'apurement de ses comptes, et sur un certificat du censeur.

En cas de décès ou empêchement, la Société continuera également. Le nouveau gérant sera choisi par l'assemblée générale, qui aura même le droit de remplacer M. de Secqueville, pour cause de malversation ou d'incapacité reconnue.

Mais les délibérations pour ces divers objets devront être prises à la majorité des deux tiers des membres présens.

Les changemens que la retraite, le décès ou l'empêchement du gérant entraîneront dans la raison sociale, seront consignés dans un acte, à la suite des présentes, qui sera publié conformément à la loi.

Le gérant retraité ou les héritiers du gérant décédé, ne pourront requérir aucune apposition de scellés, ou faire faire d'inventaire particulier.

Ils n'auront à prétendre que la part des bénéfices nets acquis au jour de sa retraite ou du décès, et cette part de bénéfices sera déterminée par le premier inventaire qui suivra.

Pareille interdiction est imposée aux héritiers de tout associé commanditaire, qui seront tenus de se faire représenter par un seul d'entre eux pour toutes leurs relations avec la Société.

ART. XVIII.

Dissolution anticipée.

Dans le cas où le fonds social éprouverait une perte de cinquante pour cent, le gérant pourra demander la dissolution de la Société, en faisant connaître à l'assemblée générale sa situation. Cette dissolution aura lieu de plein droit par le seul fait de la demande du gérant.

ART. XIX.

Modifications aux statuts.

Il pourra être fait aux présens statuts, les modifications que l'expérience fera reconnaître utile.

Mais ces modifications ne pourront avoir lieu que sur la proposition du gérant.

Leur acceptation ou leur refus devront être prononcés sans restrictions par l'assemblée générale des actionnaires, mais à la majorité des deux tiers des membres présens.

L'assemblée qui sera appelée à arrêter ces modifications, ne pourra être présidée que par le gérant.

ART. XX.

Liquidation et partage.

i. Lors de la dissolution de la Société par l'expiration de son terme ou autrement, la liquidation en sera faite par le gérant, conjointement avec un ou deux actionnaires commanditaires indiqués par l'assemblée ; l'établissement sera vendu, et l'assemblée déterminera en même temps le mode à suivre tant pour la vente que pour la liquidation.

ii. L'actif net de la Société sera employé, avant tout, à rembourser en *numéraire* le capital nominal des actions créées par l'article VI, et qui auraient été émises.

Ce qui pourra rester de cet actif sera réparti comme les bénéfices annuels de la Société, conformément à l'article XVI.

ART. XXI.

Arbitrage.

S'il s'élève des contestations pendant le cours de la Société, ou lors de la liquidation, entre les associés, elles seront soumises au jugement de trois arbitres, sur le choix desquels les parties contendantes devront s'entendre à l'amiable, dans le délai de *trois jours* ; à défaut par les parties de s'être entendues, ces trois arbitres seront nommés d'offices ; à la requête de la partie la plus diligente, par M. le président du tribunal de commerce.

Si les contestations avaient lieu entre un ou plusieurs commanditaires, d'une part, et le gérant d'autre part, le censeur de la commandite stipulerait seul les intérêts des commanditaires, qui ne devront s'adresser qu'à lui.

Les arbitres prononceront comme amiables compositeurs, sans être astreins aux formes et aux délais de la procédure. Leur décision ne pourra être attaquée par opposition, appel, requête civile, ni recours en cassation ; elle sera définitive. Leur sentence sera déposée au greffe du tribunal de commerce. Il n'y aura lieu à signification de cette sentence à l'égard des commanditaires, si ce n'est au censeur.

ART. XXII.

Nomination du notaire de la Société.

Me Hailig est nommé notaire de la Société.

ART. XXIII.

Publication des présentes.

Ces présentes seront publiées dans les formes

voulues par la loi, aussitôt que la Société sera
constituée. Pour faire cette publication, tous les
pouvoirs sont donnés au porteur d'un extrait.

ART. XXIV.

Election de domicile.

Pour l'exécution des présentes, M. de Secqueville élit domicile à Paris, rue Feydeau, n° 3o,
jusqu'à la constitution définitive de la Société, et,
à dater de cette constitution, au siège social, qui
sera ultérieurement indiqué.

Fait et passé à Paris, en l'étude de Me Hailig,
le vingt-neuf novembre, mil huit cent trente;
et, après lecture, M. de Secqueville a signé avec
le notaire.

Par délibération de l'assemblée générale des
Actionnaires, du 10 mars 1831, convoquée ré-
gulièrement aux termes des statuts dans le siége
provisoire de la Société, rue Feydeau, n. 3o, le
sieur Secqueville a résigné ses fonctions de gérant en faveur du sieur Dubois aîné, négociant,
demeurant à Paris, rue de Londres, n° 3, qui
les a acceptées à la satisfaction de tous les actionnaires. Il a été fait dépôt du procès-verbal
aux minutes de Me Hailig, notaire de la Société,
qui en a fait la publication conformément à la
loi. Depuis lors, la raison sociale est celle de

DUBOIS ET COMPAGNIE.

ASSOCIATION
COMMERCIALE D'ÉCHANGES,

RUE SAINTE-ANNE , N° 59.

ACTE D'ADHÉSION.

Je soussigné , ayant pris connaissance des statuts de l'Association Commerciale d'Échanges , formée en commandite par actions , à Paris , sous la raison sociale Secqueville et Cie, par acte passé devant Mc Hailig , notaire , sous la date du 30 novembre 1830 , déclare adhérer aux dits statuts , et prendre dans la Société   action
de cinq cents francs , que je remplirai en fournitures de marchandises et de travaux de ma profession de

Paris , le   18